郵便局まで

八木幹夫

Yagi Mikio

目次

＊

郵便局まで

*

春のじゅもん

このごろなんだか
なんにもするきがおこらない
とにかく　せかいがつまらない
まどのそとみて
あれはとり
あれはくも
あれはひこうき
なんでもどうでも
すてばちすずめ
うらうらとてれる

ひかりのあたたかさ
ああいいな
このかぜ
いいな
ぽつりふわりと
わいてくる
しろいくも
もくもくもくもく
いったいぜんたい
こりゃなんだ
なんだか
げんきがでてきたぞ

だいこんにんじん

どてかぼちゃ
じゃがいもぱせり
にらわけぎ
あかかぶこかぶ
せりなずな
えだまめきゅうり
なすとまと
つるありいんげん
さやえんどう
きゃべつこまつな
ほうれんそう

酸性土壌苦土石灰
牛糞鶏糞油粕

有機肥料ニ湧ク虫ハ
蚯蚓蛆虫団子虫
青虫吐息夜盗虫
病害虫ニ木搾酢
花野ニイデヨ
炬燵虫
髭モジャモジャノ
鬱ノ虫
ヒカリヲ浴ビヨ
乙女等ノ
声ノ響キヨ
若菜摘ム

つくしんぼ

丘を風のように走りたくて
何度もころぶ
おさなごよ
言葉もほんのカタコト
しゃべるかどうかだというのに
世界はすべてきみのものだ

つくしんぼ　よもぎ
ひかる川
次々と

山の方からわいてくる
白い雲

言葉はまだ
きみの中では
不定形のままだけれど
つくしんぼはまるで
やわらかな小指
よもぎは
ようやく生えそろった髪
遠くの
川は
ゆっくりと動きだす大蛇
雲は

つかみとれない綿菓子

そう
きみには
昨日や明日という時間がないのだ
今だけがまっすぐに輝いている
永遠なんて
ボーダイなものをまだ知らない

レンゲ畑で

いきなり
恐竜のタローが
背中に乗れという
怖くないといったら嘘になるが
さげた首につかまって
ロバにでもまたがる気分で
ハイヨー
背中の突起物をコン棒でたたいた
(化石のような音がした)

恐竜は姿かたちに似合わず
争いは嫌いで
自分より大きい恐竜には
眼をふせて野を急いだ
とりわけ
風にそよぐ
草花が好きだった

太古のことだから
レンゲ畑ではないが
地平線のかなたまで
広がる色とりどりの花々
長い首をクレーンのようにふって
むしゃむしゃ食べた

日が暮れて
日が昇り
また日が暮れて
何度かコン棒でたたいたが
走ることも
時間に追われることも
恐竜はきらいだった

遠くで
恐竜のハナコが
ドスンと
二五kgほどのウンコをした
鼻先をゆっくりと
匂いの方角に向け

タローはガオウとほえた

ぼくは
原始人にはなれないので
背中から
巨大な花の茎をつたって
飛び降り
「ちょうちょ」の歌をくちずさんで
眠りの出口まで
戻った

レンゲ畑で
大の字になって
湧きあがる

白い雲を見ていると
恐竜は今も
生きていると思われた
（考古学者は恐竜の絶滅原因を調査中）

西瓜のひるね

こどもを抱いた
こぶりのスイカのような重さだ
まるい眠りに錘《おもり》がついている
落としてはいけない不安の重さだ
みずみずしいスイカの香りと
ミルクの匂いが
部屋いっぱいに広がる
笑顔のしらが頭が
スイカを抱いている

（いま　ここには
どんな夢が渦巻いているのだろう）

今日は暑すぎるので
夢について考えるのはおしまい
発熱する
子供のあたまよ
団扇《うちわ》の風に
冷やされて
ねむれ　スイカよ
いっしょに　わたしも

樹の名前

―長田弘に―

木の名前っていうのが苦手でね
森に行ったら
全部　木だろ
右にも木
左にも木
うしろにも木
これで森という文字の完成

こなら
おなら

ぶな
こぶな
木五倍子

なんだい　それ

小楢
山毛欅はわかるけど
小鮒
木の五倍の子ってなんのこと
きぶし
春先　だらーんと黄色い
花がたれる
川岸に生えてる　あれさ

あんた　よく知ってるねえ
それほどでもないけどさ
木の名前ってすぐに忘れるんだよな
生活に直接関係ないからね
知らなくったって
生きていかれらあ
そんなこといって
あんた
また
夕涼みに
来たんじゃないの
この樹の下に
座椅子と本なんか
持ってきてさ

＊長田弘…二〇一五年五月三日享年七五歳。詩集『詩の樹の下で』から暗示をうけた。

橡

クヌギ林の
クヌギ葉に
むらがる
緑金のカナブン
こんな美しい羽は
神さましかつくれないと
虫好きの少年に
説明した
その瞬間
耳もとへ舞いあがり

首筋にとまったカナブン
とっさに　手で
はらい落とし
踏みつぶした
あ
と声もなく
少年は
足もとを
それから
わたしをゆっくり見上げ
静かに涙をうかべた
もうひとりの
わたしは
林の奥へ一目散に

逃げていった

くさ

草は凶暴なものだ
アスファルトをひっくり返し
文明を数百年で滅ぼし
鬱蒼とした森をつくる
いくさに敗れた
頭骨のひびに
根毛をのばし
眼窩を突きやぶる
艸また艸は靡《なび》き
死は置き去りに

雨風にさらされる
草がやさしいというのは嘘だ

したたかで
貪欲で
その種子は
鳥や風や水の
力を借り
さらには
通りかかる
旅人のころもに
飛びついて
旅をする

世界の果てまで
海のある断崖まで

渇く

木の根は
土に同化するように
その先端を細く
ほそくして
地中に
網状の
センサーを張りめぐらし
水がないと知れば
地上に浮き出し
熱帯の遺跡の

石の彫刻の
まぐわう男女の
罅割れにしのびこみ
あえぐ口と
男の腰を
しばりあげ
貪欲に
水をもとめる
ワタシハ　カワク

老木の前で

嵐が通り過ぎた日の翌朝
ひとりの少女が大きな老木の前に立っていました。
まわりにはその木以外に大きな木はいっぽんも生えていません。
広々とした公園のまんなかでたったいっぽんぽつんと立っているだけです。
でもその木の下へ来ると深い森にいる気分になるのです。
老木とはいっても春になれば緑の葉が勢いよく吹き出します。
その木は世界中の地面に根を張っているような大木でした。

色々な国から色々な人々がその木を見にやってきました。
ある農学博士はこの村の土壌に秘密があると周辺の土を掘り返し持ち帰りました。

ある植物学者はこの村の草木に秘密があると周辺の草木の種を持ち帰りました。
ある民俗学者はこの村の生活に秘密があると周辺の古老から昔話を採取して帰りました。

でも　どんなに立派な先生たちが研究をかさねても少女の目の前に立っている木がどうして大きくなったのか、どうしていっぽんだけが生き残ったのか、
その秘密は何十年何百年たってもわかりませんでした。

その日　少女はとても淋しいこころで、木の前に立っていました。
空には雲もなく青い空がおそろしいほど深く澄んでいました。
少女はなにもいいませんでした。
（大切な人を失ったことも……。）
老木もなにもいいませんでした。
（たくさんの木の仲間を失ったことも……。）
風が吹いてきました。

風は木の枝や葉っぱとじゃれあって不思議な言葉をしゃべっていました。
少女は黙って木を見上げていました。
風は少女の耳もとにもなにかささやいたようです。

遠くから老木と少女の姿を見ると
上下左右にゆれる枝がいまにも少女をつかんで
空へ抱き上げていきそうでした。

この日　天気予報では大かぜが吹くでしょうと
花柄のワンピースを着たアナウンサーが伝えていました。
さて　皆さんにいま　目の前で起り始めた事実をどう伝えたらいいのか迷っています。
ひとのこころの中は誰にも見えないからです。

少女が大きな木の前でゆっくりと　なんどもお辞儀をしています。
それからくるっとこちらを向いてニコニコと笑いながら走り出しました。
老木もまたわっさわっさと体をゆらして笑っているようでした。

あの風は大きな木に
なんていったの
あの大きな木は少女に
なんていったの

秘密はいまでもわかりません。
老木がなん百年もこの土地に立っている秘密もわかりません。
でも、いいではありませんか。晴れ晴れとした顔で
少女が緑の芝の上を風のように走り出したのですから。

葛の花

川岸に
全身　はだかで
立っていた

さっき
赤紫のくずの花を
むしり取った
つる草の匂いが
あたりにひろがり
藪蚊がむらがり

周辺に音立てて
飛び交っている
数千年前にも
ここにこうして立っていた

空には入道雲
もう数分で
大粒の雨が
この乾いた土をたたく
そうだ
はっきりといおう
三百六十万年前にも
ぼくは
ここにこうして立っていた

太陽が皮膚を灼き
一瞬　涼しい風が
首筋をなぜる
先を行く
父さんを追って
つる草の生い茂る
藪をかきわけ
母さんも
足早になる
遠く
火山に噴煙があがっている

アフリカ・タンザニアの

川岸跡で
猿人の親子の足跡が
五〇メートルにわたって
化石となって発見されたという
さらに
その先には
どんな未来が待っていたのだろう

小さなトゲ

痛い！
朝の畑で
腰をかがめて
もぎとろうとした
むらさき色の亡霊と
朝露につつまれた緑のなまこ
ほんの一瞬だけれど
触れることを拒まれたのだ
さわやかな光のなかで
痛みが過去をよびおこす

今では
子を抱かせてくれる娘の
中学生時代
叱って手をあげようとした
「言うとおりになんてならないわよ」
一瞬　突き刺さるものを感じた
胡瓜や茄子でさえ
触れることを拒否する
小さなトゲがある

もうすぐお盆
茄子の牛
胡瓜の馬

玄関口に並べて立てて
藁の迎え火を焚く
ちちははの姿がよみがえる
わたしもまた
ちちははの胸に
痛い思いをさせたのだ
いくつものトゲの言葉を吐いて

九月の森と海

森にいると
風がふく
めをとじると
潮騒の音がする

海にいると
波が立つ
めをとじると
森の音がする

こどもたちが
クヌギ林の公園の
木々のあいだを駆けまわる
ドッジボールをしているのだ
西陽がこどもたちにまといつく
ベンチから見ているワタクシはまるで
そこには存在していないかのようだ

海にいると
陽がしずむ
いつのまにか
ベンチで
こどもたちを笑ってみている

周辺には海草がゆれ
ニシキベラや群れなす鰯が
顔の横を泳いでいく
ここは森?
ここは海?
こどもたちの歓声があがる
イルカが
こどもたちのボールを
奪い取って
秋の空へ運んでいく

籐椅子のひと

いつだったのだろう
どこだったのだろう
ふかくねむって
めがさめた
うみのおとがした
むすめたちは
ねむっている
つきのひかりがカーテンのすきまから
さしこんで
まどぎわの籐椅子に

あのひとがすわっている
こどもからはなれ
おっとからはなれ
ひとりのおんなからはなれ
そこにいる
（ああ　いまこえをかけてはいけない）
よるのうみ
つきのひかり
なにかみえないかべがある

いつだったのだろう
どこだったのだろう
ふかくねむって
めがさめた

むすめたちはたびだち
わたしはわたしにもどって
うみのおと
つきのひかり
なにかみえないかべのそと

あのひとは
まどぎわの籐椅子に
ずっとすわって
だまっている

＊

＊

枕詞の抄

ひさかた

東《ひむがし》の野にかぎろひの立つ見えて返りみすれば月傾きぬ*
ピカッぴかぴか　ビカビカ
ぴかりぴかり　閃光　ひかり走り
フィカリ　フィカル　フィンガシノ
野にかぎろひの立つみえて
見えたのは火の子　日ノ御子
天子（天使）さまが立っている
あれは火の粉
また落ちていく白燐弾*　ひひひひひ
なぜ　殺すのか　ヒトがヒトを

月並みな問ひを繰り返す
王位継承の　憎しみの　権力の　呪ひの
春のひかりの　ひのうみの　うつくしいひ
ひとが殺戮のさなかにあえぐすがた
ひきちぎられた腕　吹き飛んだ大腿部
背から胸に突き抜けた鉄片
白い閃光
血血血　ヒ火日緋皮
焼け爛れた皮膚　緋色の明け方
そして夕暮れ
菜の花や月は東に日は西に*
ひさかたの雨よ降れ
水のあるところへ　渇きをいやす泉へ
芹　薺　ゴギョウ　はこべら　ホトケノザ

生き延びて　月のひかりは射し込んで
天地《あめつち》の分かれし時ゆ不二の山
火噴く山　ひさかたの天の原
ふりさけ見れば一瞬の噴煙　古代都市ポンペイを
おおう黒雲のように　木の骸《むくろ》　抱き合う男女の
口あける叫びの姿そのままに　黒焦げの時間
殺戮された時間　ひび割れる時間
闇の空洞を音立てて吹き抜ける風
恋人同士の会話
テーブルの上の花
パンとお茶と笑い声の炭化
消えた一瞬の人々の日常
おお　そこにもしろいひかり
ひさかたのひかりのどけきはるのひにしずこころなくはなのちるらむ*

たましいは見えるか
こころは燃え尽きたか

＊白燐弾《はくりんだん》…ＷＰ弾ともいう。第一次世界大戦前に開発され、二〇〇三年三月二〇日アメリカ軍を中心とした有志連合軍によってイラクの首都バグダッドに大量の白燐弾（化学兵器）が使用された。一瞬の火炎による火傷は致命的な効果をもたらしたという。

＊東の野にかぎろひの立つ見えて返りみすれば月傾きぬ
柿本人麻呂　万葉集巻一・四八。
菜の花や月は東に日は西に　与謝蕪村
久方《ひさかた》の光のどけき春の日にしづこころなく花の散るらむ　紀友則
古今集巻第二春歌下八四。「久方の」は天、光、雨に掛かる枕詞。

二首・一句の「かぎろひとひかり」に深夜のバグダッド爆撃が重なる。

朝露

キタガワくん
会議中　なに描いてたの
べつに
部長の話　ほとんど聴いてなかったでしょ
いや　あんなことは
とっくに　営業戦略《ストラテジー》に
組み込んであるのにさ
紙と時間の浪費
ぼくの作ったデータ見てないんじゃないの
昔のタイプだね　自己主張と顕示欲

他人の貴重な時間を奪っていることに
あの人は気付かない
新商品のデザインなの
まあね

かのせんびょうは
りゅうれいに
かみのけちもうぼぼのしわ
おとこのかたにかかるあし
こえなくひらくおちょぼぐち
しなうこゆびのまくらもと
きぬずれのおとはしずかに
きぬぎぬの

キタガワくんって
誰かがいってたけれど
絵がとっても上手なんだってね
つまらん会議していると
むしょうに描きたくなるんだよね
人間のなまの姿
ご先祖に画家でもいたの
ウタマロって知ってる
もしかして　落語家
それはウタマルでしょ
江戸時代の絵師のこと
やっぱり　血筋なのね
でも三代さかのぼれば系図なんて当てにはならんさ
誰と誰が結ばれたかなんてわかりゃしないからさ

こんなふうにね
あら　いやだ　キタガワくんったら

あさつゆのいのちとおもへたえだえのあえぎのふちのいもがくろかみ　安穏斎山羊*

*朝露は命に掛かる枕詞。ちなみに喜多川歌麿は春画の名人でもあった。
*安穏斎山羊…作者

鯨魚《いさな》取る*

東京湾に迷い込んだ鯨を
わざわざロープで沖へ
逃がそうとする
動物愛護団体
（ああ　なつかしの
江戸の勇魚《いさな》取りよ
　捕鯨船団よ）
浦島太郎のように
生きものは母なる海へかえす

竜宮城ではどんちゃん騒ぎ
「それではただいまから
生物ＩＱ検査をおこないます」
牛《うし》豚《ぶた》人間《にんげん》膃肭臍《おっとせい》
犬《いぬ》猫《ねこ》海豚《いるか》猿《さる》鯨《くじら》

皆さん　知能指数の低い動物から
どう料理して食べましょか

ねえ　嘘っぽくないか
地球を守れ　海を守れ
命を守れ　飢餓地球
家にこもって

エアコン・スマホ・冷蔵庫
消費電力世界一
原発反対　オーソレミーヨ

ねえ　嘘っぽくないか
俺はことしロクジュウの爺だが
俺は頑固で偏屈だが
嘘は嫌いだ　本音が好きだ
百《ヒャク》歳になっても母なる海へ
鯨魚《いさな》取る海　漕ぎだして
供養のために食ってやる
俺は地球を食ってやる
ソレギッチラギッチラギッチラコ＊

＊天智天皇崩御の際に太后（倭太后）が詠んだ挽歌「鯨取り《いさなと》　淡海の海を　沖離《さ》けて　漕ぎ来る船　辺に付きて　漕ぎ来る船　沖つ櫂　いたくな撥ねそ　辺つ櫂　いたくな撥ねそ　若草の夫の　思ふ鳥立つ」（万葉集巻二・一五三）を参考。「鯨魚《いさな》取る」は海に掛かる枕詞。

＊童謡『船頭さん』（一九四一年　作詞武内俊子　作曲河村光陽）一部を借用。

にほ鳥

――真間の手児奈《てこな》悲歌――

しもうさ　えどがわ　かつしかの　きしによせくる
なみのまに　にほどり　うかぶ　よしのかげ
ままのてこなの　まどかなる　ほほに　つきかげ
そのはだえ　そのえりあしの　はしけやし
かたばのあしの　ゆれも　やさしき

水汲みに
水辺にくれば
朝な　夕な
水はひたひたうたってる

てこないしや
あのこがほしい
てこないしや
あのこじゃわからん
てこないしや
このこがほしい
かってうれしいはないちもんめ*
まけてくやしいはないちもんめ
てこな　こいしや
みずのこえ

乱れた髪をかきあげる
その二の腕の白いこと

葦も片葉となり守る
手児奈の肌とその素足

水汲みに
水辺にくれば
朝な　夕な
水は手児奈を誘い入れ
ひたひたひたとたわむれる

にほ鳥の葛飾早稲《かつしかわせ》をにへすともそのかなしきを外《と》に立てめやも＊

＊神事の早稲を供える時期には男女は交わってはいけないというけれど、恋しい男性が私を訪ねて来たのに外に立たせておくことなど私にはできないわ。（万葉集巻一四・三

三八六東歌。作者不詳。女性の歌。拙訳。）にほ鳥（カイツブリ）は葛飾に掛かる枕詞。この歌の女性の激しさとは別に真間（現在の千葉県市川市。）の手児奈は複数の男性から言い寄られ、誰にも応えられずに入水自殺。手児奈の気立ての良さと美しさに水辺の葦の葉も身体を傷つけまいと片葉しか生やさなかったという伝説を基に作品化した。

＊童謡「はないちもんめ」はこどもの遊び唄、人身売買の意味も背後にある。一部借用。

東歌《あずまうた》

私が生まれる以前のこと。父は神奈川県津久井郡中野町奈良井の田舎から出て、東京神田の木村洋服店で修行した。大正一四年、十三歳の時だった。言葉は津久井の方言そのまま。親方や兄弟子から「ちゃんとした日本語を喋れ!」と叱責された。父は必死の思いで故郷の言葉を捨てた。美しい日本語、東京の言葉を覚えた。二十四歳の時、故郷の幼馴染み、目のくりっとした娘を神田に呼んで水天宮の近くで所帯を持ち、洋服店を始めた。母は東京暮らしが好きになれなかった。よそゆきの言葉に生きている実感がもてなかった。父と母は相模原に移った。これは昔のことだ。でもつい昨日のことだ。

子供の頃。母と父が見習い職人の扱いで言い争いになった。父は冷静に母をたしなめていたが、そのうち母が津久井弁で怒り始めた。その時私には母の言葉がとても汚い言葉に思われた。父の言葉は知性に輝き、母の言葉は牛馬をののしるものだった。その頃学校では標準語が教えられ大人や先生と話すときは方言を使ってはいけないと教えられた。

これは昔のことだ。でもつい昨日のことだ。

中学に入って初めて英語を習った。発音や口の開け方、舌の使い方、身振り手振り。私は夢中になって英語を学んだ。日本語から逃げ出せるものなら逃げ出したいと思った。日本語は美しくない。抑揚がなく平坦で抹香臭いお経のようだ。話すならフランス語だドイツ語だ英語だと若者は口々に言った。自分の国の言葉がうつくしいと言い出す者はいなかった。

これは昔のことだ。でもつい昨日のことだ。

子持山若かへるてのもみつまで寝《ね》もと我《わ》は思《も》ふ汝《な》はあどか思《も》ふ*

私は大切なひとの言葉を汚いと思い込んだのだ。それは恐ろしいことだ。汚い言葉などどこにもありはしない。母は愛情を津久井の言葉で降り注いでくれたのだ。枕元でふるさとの言葉を交わし愛し合ったたちちははを思う。東歌のこころを思う。

＊「子持山の　楓の若葉が紅葉するまで　ずっとおめえと寝ていてえと　おれは思うおめえはどう思うだや」（高橋順子訳『恋の万葉・東歌』より。「かへるてのもみつまで」とは、蛙手《かえるで》の紅葉《もみじ》するまでの意。子持山は現群馬県渋川市に位置する。万葉集巻一四・三四九四東歌）

垂乳根《たらちね》

垂乳根の母が吊りたる青蚊帳をすがしといねつたるみたれども*

祖母は裏庭の紫蘇畑で
着物のすそをはしょって
いきおいよく小用をたした
（パンツを履いていないのだ）
孫の私は笑って見ていたが
ナイショだよ　駄賃あげるからな
と長い紐をくるくるとほどいて
布製のふかい財布の底を探った

寛永通宝が数個でてきた
首を振ると　もう一度手をつっこみ
十銭玉を二つくれた

祖母は豪快な性格で
真夏には平気で上半身を風にさらした
豊満な乳房が美しかった
酒は飲まなかったが
ヤクザな男達を手玉にとった
祭りになると祝い酒があちこちから届いた
器量がよくて気風《きっぷ》がよかった
小料理屋は繁盛したが
母は私たち子供が店に近づくことを嫌った

芥川龍之介の短編に
幼い頃　縁側に座った狂気の女に
煙管《きせる》で頭を叩かれる場面がある
薄暗い青蚊帳の部屋で
祖母も煙草《たばこ》をうまそうに吸った
木製の火鉢の端で煙管をぽんと叩く
火の玉を手のひらで転がし
次のきざみ煙草の種にする

祖母は明治のひとだったが
還暦をすぎても江ノ島の海で
水着姿で泳いだ
私は母の胸よりも祖母の胸に
垂乳根の母を感じていたかも知れない

蒸し暑い夜
青蚊帳の中で目をつむると
思わぬものをもらしてしまった

＊長塚節歌集より。垂乳根は「母」「親」に掛かる枕詞。

浜千鳥

——辻征夫に——

浜ちどり跡は都へかよへども身は松山に音をのみぞなく*

辻さんとよく浅草で飲んだ
隣に井川さん*
話量豊富な人のそばで
辻さんは笑って
よく人の話を聞いた

喫茶店を出ると
足もとがふらついた

日本酒専門店「まつかぜ」のだんなが
酔っ払いはお断りだと言いかけて
「きょうはまだお酒飲んでいないんだけど」
ぽつり呟いた辻さん

気配に気付いただんな
杖を受け取り椅子をさしだし
ひとりお銚子三本までだよ
と念をおす
ゆっくり飲んだ
今生の別れのように
ゆっくり酔った
隣の人の速射砲の言葉をあびながら

二軒目は
いくつか辻をまがって
「きん寿司」
おばちゃんがにぎる寿司
ご亭主が茶を淹れてくれる
ここからは
井川さんとぼくだけ

あの方はどうされたの
十年前に　あちらへ
あっ　そう　いつも酔っ払って
いるみたいな方でしたけど

ぼくら二人

千鳥の足跡たどってきたが
千鳥足
なんて美しい酔いどれの名付けかた

♫　ちんちん千鳥の啼く夜さは　啼く夜さは
♫　硝子戸しめてもまだ寒い　まだ寒い

おばちゃん
熱燗で
もう一本

＊歌は崇徳院上皇。讃岐松山に配流。「浜千鳥」は「跡」にかかる枕詞。千鳥の足跡は墨跡、手紙を意味する。

＊「ちんちん千鳥」童謡。作詞北原白秋、作曲近衛秀麿。
＊詩人井川博年は辻征夫（二〇〇〇年一月病没）とは十代後半からの古い友人。

ぬばたま

「その秋　母親は美しく発狂した*」
という言葉を
二十代初めに知ったころ
父の頭には変調があり
饒舌と緘黙が交互にやって来て
旧式の電灯のように点滅した

満州で
自分よりはるかに若い
上官に殴られ

凍った糞便の盛り上がる厠で
泣いた
多くの戦友を失い
日本に戻ってくると
天皇陛下がいつからか
神から人間に戻ってしまわれた

子供が生まれた
身体の弱い子だったが
大学へ行き
自分のやりたくてもできなかった
学問をしたあげく
家に帰ってくると罵った
「親父はプチブルだ　悔い改めよ」

なんのことか分からなかった

その頃からだ
父の旧式電灯はショートし
スパークをくりかえした
そして
ある冬のさわやかに晴れた日
鉄路の柵を乗り越えて
枕木に身を横たえた

いつまでも
美しく
発狂することができない
射干玉《ぬばたま》の夢よ

父にかぶせられる枕詞《まくらことば》はない

＊田村隆一詩集『四千の夜と昼』「腐刻画」より。「ぬばたま」は「黒、夜、月、暗き、今宵、夢、寝」などに掛かる枕詞。

*

*

*

鶺鴒《せきれい》

わたしはとおいまちからやってきた
わたしはそのまちにすんでいた
たいせつなことはすべてそこでまなんだ

わたしはこくはくなおとこになって
そのまちをでた
まちをでてから
まいばん
ちちをころした
ははをころした

つまをころした
こどもをころした
あさになると
わたしだけがいきていた

むかし
とおいまちに
すんでいた
いまでは
そのまちのことは
やぶかげの
こけむしたいしに
きざまれた
もじでしかない

いしぶみのわきを
とおりすぎるゆきずりのたびびと
せきれいがおをふって
まっしろなふんをした
あさひがあたってかがやいた
うみがとおくでひかっていた

時代の季語となった清水昶

詩人はいつも時代を歌わなければならない
詩人はいつも時代のすこし先を歌わなければならない
詩人はみんなに木偶《でく》の坊《ぼう》と呼ばれても
笑ってへらへらと歌わなければならない
そうしているうちに
詩人はいつか時代から見離され頭の上を
時代がどかどかと踏んづけて通り過ぎる
詩人はいつも時代のあとをうつむいて
とぼとぼと歩いていかなければならない
けっして飛んだり跳ねたりしてはならない

詩人はいつも格好よくなくてはならない
たとえうらぶれて都会の蕎麦屋の片隅で
ちびちびと酒を呑んでいても
詩人はほんの少し時代の前方を予言している
ようなふりをしなければならない

詩人よ　清水昶よ
あなたはいつも詩人だった
たとえ世界が滅びるとしても
詩人のひとことに耳を傾けた
清水昶が時代から取り残されたと人々がいえばいうほど
彼こそ詩人だったと静かに胸の奥でつぶやくのだ
彼は詩人の役目を本能的に知っていたから
「ようするにだね　詩人なんてものは何者でもないんだよ　八木君」

そう彼は平然といってのけた
昶さん　娘たちがこよなくあなたを愛していました
あなたの詩など一篇も読んだことのない娘たちが
それはあなたの人柄だった
詩人という構えを脱ぎ捨てて
我が家で娘たちにお話をしてくれた姿が今でも浮かぶ
「男っていうのはねえ　とても怖いものなんだよお」
さよなら　決然と去っていった昶さん
詩人はいつも格好よくなくてはならない
明日　世界が滅びるとしても
（清水昶二〇一一年五月三十日死去。）

ねむらないたましい

――辻井喬に――

海行かば水漬く屍
（死後硬直は始まっていますか
（いや　腐敗です　波に溶け始めています
山行かば草むす屍
（草の根は眼窩から脳に達しています
（なんという野草ですか
大君の辺にこそ死なめ
（神は死んだ　神は消えた
（わだつみの声　わだつみの色
かへりみはせじ

（省みることばかりです　恥ずかしながら
（生きてしまいました　恥ずかしながら
水にも　草にも変身できたひと
わだつみよ
ゆりかごのように
このねむらない屍を
そっと
ねむらせよ
糺《ただ》す声ききて寂しき黒白《こくびゃく》をつけたるものに眞《まこと》なきゆえ　山羊

＊辻井喬…詩人・作家。二〇一三年一一月二五日死去。

ショパンのゆび

指は
道具を使うことで
指には不可能であったものを
つくりだした
原始には
獣を追ってとらえて
火をおこし焼いて食べた
道具はつぎつぎに進歩した
非情なことだが
大量殺戮兵器もまた

指でつくりだしたものだ

あるとき
指は
無数の死者の折り重なる丘で
無数の傷ついたこころの前で
せせらぎに憧れた
沈む夕日にふるえた
離れている恋人の胸に
触れたいと叫んだ

指は
一生に一度だけでいい
せせらぎや

夕日や
恋人への思いを
音にして伝えたいと願った

ショパンは鍵盤に
しずかに燃える指をのせた
音は
人々がむかし
夢見たものを
ふたたび呼び寄せた
指は
鍵盤の上で
せせらぎのようにながれた
指は

鍵盤の上で
夕日のようにかがやいた
指は鍵盤の上で
恋人同士のように
はげしく踊った

＊二〇一四年四月六日ロシアのウクライナ（首都キエフ）侵攻に抗議して
軍隊の前で無名のピアニストがショパンの曲を演奏した。

声のない木

テレビで
腹話術をする男が
声をずらして喋る
不思議な光景に
少年は
遠い時間を思い出す

目の前にある木が
木であることを
声にだしていいえない

遅れてやってくるものが
目の前の木を表そうとしない
発語の
ことばがでてこないのだ
吃るよりも　さらに
奥行きのある沈黙の
みずうみの失語の
未明の霧の空白であそんでいた
ことばのない時刻
（さわやかなときだった）
はるかなところから
顔なじみのものがやってくるように
声がとどいた瞬間
唇や目や顔の筋肉がひきつって

（ちがう　この声ではない
（ちがう　このコトバではない
裏切る
コトバと目の前の木
かぎりない遅延に
なみだを流す

やっととどいたものが
木そのものから
遠いものになっている
（木はどこへいってしまったのか
（本当のコトバはどこへ
すでに言葉が「木」に貼り付いて
剝がすことができない

一度しか許されなかった発語
至福の失語の少年

みずうみに
きがうつっている
ゆれてゆがんでゆっくりと
みずのひょうめんに
きがたちあがる
ゆめのように　ゆらめいて
あれがほんとうのきだ
あれがてんにむかってのびるきだ

声のない少年の口から
遅れてだが

未生の　実生の芽吹き
コトバのない世界は
けっして暗黒ではなかった
木々や草や土や昆虫や動物
太陽や星や月
風や雨や雪が
みんないっしょだった

木
と言った瞬間
少年は嘘の世界にめざめたのだ

斧

めをあけると
七〇歳になっていた
もういちど
めをとじると
三歳になっていた
からだは汗ばみ
呼吸はみだれ
天井板の木目が
ぐるぐると渦をまき
布団の重さが胸を圧す

からだが針金のように
細くなっていく

めをあけると
七〇歳になっていた
もういちど
めをとじるのが
こわい
ひ弱な三歳にはもどりたくない

言葉を奪われていたから
言葉で表現することを知らなかったから
大きな闇の不安が
毎晩　おそってきた

それがなんであったか
それをどんな言葉でいえばよいのか

めをあけるたびに
どこかとおいところへ
忘れ物をしてきたような
めをあけるたびに
大切なものを捨ててきたような
そんなきがして
めがさめる
きっと
ゆめのなかでは
せかいはとうめいで
ふあんなことなどないはずなのだが

わからないことなどないはずなのだが

めをあけると
あっというまに
七〇歳になっていた
わたしはなにを捨ててきたのだろう
わたしはなにを貰ってきたのだろう

かみさま
それはわたしが落とした斧です
神に誓って申し上げます
「そうか　嘘ではないな」
ええ　誓って
「では　おまえの右手を

この石の上におけ」
かみさま
金の斧をふりあげて
どうなさるおつもりですか

めをつむると
三歳になっていた

さみしいゆめ

とてもさみしいゆめをみる
とおいくにの　とおいまちの
なんだかいちどきたことのある
いえのまえで
おんなのこがえをかいている
てにはろうせき
あたりはがれき
（ほんとうはいえなどどこにもないのです）
おんなのこは
いっしょうけんめい

かおをふせ
えをかいてます
よくみれば
わらうおじいちゃんおばあちゃん
たくましいうでをもつおとうさん
だいどころではなうたをうたうおかあさん
ろじからいぬといっしょにかけてくるおとうと
きゅるきゅるとへんなおととひかりがして
みんなどこかへきえてしまった

あんまりさみしいゆめなので
はやくここからにげだしたい

発語の唄

この子は口が重くってねえ
いつまでたっても
アーウーアーウー
それでもニコニコ笑ってる
（むかし　どこかで見た顔だ）

四歳になっても
立って歩けず這いずって
生まれりゃすぐに仔馬でも
起きて歩いて走り出す

見猿
岩猿
石地蔵
何にも耳には
聞こえ猿

うちの子ったら
おしめはとれず
鼻水たらし小便たらし
ニコニコ笑って
アーウーアーウー

けだものじゃあるめえし

濡れ新聞をかぶせてよお
はやく楽にしてやるべえ
川に流してなむあみだぶつ

道祖の男女がむつみあう
道の境の塞《さい》の神
供えた饅頭くわえたカラス
方角たがえに泣く赤子
天神様のたたりもあって
身体は火照って火のようだ
この子の頭はどこか変
ちょっと　通してくだしゃんせ

竹藪ぬけて悪霊払い

細道暗い　子のふるえ
拾ってくれた他人の胸で
乳が吸いたし母恋し

父は黙って背をむけて
いつまでたっても女医はこず
はやく新聞もってこい
文字の読めない祖母がいう

見猿岩猿聞猿で
籠に背負って　息すな泣くな
おんまらさまに
秋がきた
丘の土手には曼珠沙華

この子の五つのお祝いに
お札を納めに参ります
お百度参り　つみとが参り
往きはよいよい
還りはこわい
（むかしどこかで聞いた唄）

＊童謡『通りゃんせ』の一部イメージを借用。江戸時代に歌詞が成立したといわれる。

かんざしの時間　―金沢にて―

阿弥陀仏となえ坂ゆく宝泉寺*

きょうは赤い丸玉《がんだま》の
かんざしを挿し
あの人を待っている
格子戸のむこうに
雨がふりだした
さっき　宝泉寺の地蔵尊で
拝んできたのは
あの人との水子のため

くぐる鴨居が
低すぎる
とんとんと
黒光りする
階段のぼって
ともす明りが
暗すぎる
遠くするどく笛の音

云えば哀しい
なにも云わずに
ただ抱かれ
微醺をおびた

寝息と雨をきいている
ひがし茶屋

わたしはどんな時代の
どんな哀しみをなぞってきたのか

おキミさん
もいちど　聞いてみたいのさ
鬢付けあぶらの匂いの中で
琴とつやめく長唄を
二百年はあっという間の出来事だった
簪《かんざし》や遊女がねむる春座敷*

＊最初と最後の句は作者による。

トンデモナイ男

とんでもない男だった
東京に行って小説家になるんだと
借金無心稿料前借
おお　オウガイさん

とんでもない男だった
死ぬ死ぬと脅し　友の給料で
借金返済花街がよい
おお　キンダイチさん

とんでもない男だった
女房子供に仕送りもせず　天下国家を論じ
歌を玩具と言い切った
おお　テッカンさんアキコさん

とんでもない男だった
父も叔父もそしてぼくも　その歌に
あたまをガーンとやられた
おお　少年の日々

やはらかに柳あをめる北上の岸辺目に見ゆ泣けとごとくに

とんでもない男だった
ことばが心の闇を蛍のように飛びまわり

さわやかな清流を呼んだ
おお　柳よ　ふるさとの川よ

とんでもない男だった
今でも　ぼくの空っぽのあたまを
コツコツとたたく
おお　啄木

あずみのの栗

おお
安曇野の
有明神社で
栗をひろっていた猿よ
あれは寒山拾得《かんざんじっとく》のかたわれか
山門の龍の目に睨まれて
（おお　何度でもおまえの邪心を食い殺す）
猪や
ウリンボや
鶉の

あそぶ
稲穂の波に
つめたく
あまい
水を酒のようにのみ
井の中の蛙　山羊はよく笑った
上手の参道の両脇の杉木立には
輝く十月はじめの青空の破片
夫《そ》れこそ　神仙の霊気ただよう山のとば口で
巳の刻
アリアーケーヤマー（佳きかな）
アリアーケーヤマー（佳きかな）
旅の呪文の木霊はひびく

ますぐなる杉の神木ゆがみたるわが生涯と並び立つるも　山羊

＊二〇一一年一〇月五日長野県安曇野に遊ぶ。井上輝夫・山口佳巳の名を折句に。山羊は作者の号。
＊井上輝夫はこの六年後、二〇一七年八月二三日に病死。

ゲップする牛

四月の
三田の山は
白金の丘よりも
残酷だ
古書*のなかで死んでいた
言葉が次々によみがえる
昔日の　目黒駅前を
見えない牛《ギウ》が
人間の憂鬱を運ぶ
サラドをそえた

チキンカツレツはまだか
詩的連想はつづく
言語学者くだう先生*が喋りはじめると
ギリシャ語と漢語の
比較の原野はひろがり
何匹もの牛《ニュ》が
よだれをたらし　糞尿を運んで
目黒の坂をのぼりはじめるのだ
プティ・ブッフ（仏）
ボアグロス（希臘）
音の連想から呼ばれる
牽牛星《ひこぼし》は宇宙の野に
今も輝いている
ああ　雄牛座

タウロス（Ταῦρος）
真昼の星座よ
牛蒡《ごぼう》のキンピラを食べて
カルモ寺院《ヂイン》のかどをまがる
秋の永遠がかたむく旅に
牛　膝《いのこずち》のついた
膝《ゴニュ》を旅籠《はたご》の入り口ではたく
ことばの歴史は
人類争闘の歴史だ
他民族の言葉を食い尽くそうとするが
すべては食い尽くせない
プティ・ブッフ　吐き戻す
「母語なんてものは一朝一夕で
できるもんじゃなかんべ」

ことばは生きものだ
環境のゆがみで少しずつ変容する
体系化できないものが現実なのだ
学問は面白いが
体系化されたガクモンは
野原の混沌のよろこびを忘れる
ああ
硬直から逃げだそう
ああ
また多摩川の野原で
牛のゲップを聴こう
反芻する四つの胃袋から
新しい言語が
生まれ出る

あら
エッサッサア
安来節《アンライセツ》のどぜうは
永遠に見つからない
ジュンザブロウよ

＊古書…明治学院大学言語文化研究所には西脇順三郎の「ギリシャ語・漢語比較研究」が保管されている。西脇のメモの一部にはギリシャ語の野牛《ボアグロス》や漢語の牛《ニウ》、牽牛星《ひこぼし》、雄牛座《タウロス》、牛膝《いのこずち》、膝《ゴニュ》（ギリシャ語で「ゴ」も「ニュ」も牛の意。）、牛蒡《ごぼう》等への音や漢字からくる連想が縦横無尽に展開する。それはまるで西脇詩そのものだ。

＊この作品は明治学院大学名誉教授工藤進氏（南仏語学者）の、慶應義塾大学アートセンターで行なわれた講話（二〇一八年四月）に触発された。

遠景　―影の男―

ゴムのように伸びる時間がずんずん引っ張られて
過去のある一点からいきなりぷつんと切れた
両目の視界が昏くなった
ショックは何度でもフラッシュバックする
ボンヤリとした景色の向こうから
死んだオヤジが　いや父さんが　妙になれなれしい表情で
昔はそんなものは生えていなかった
と髭面をなぜまわす
お前なあ　昔　俺が見た時のような顔じゃあないなあ
つるつるしていたじゃないか

オヤジ　これ夢だよな　夢なんだよな
振り返ると　背中がずんずん遠ざかっていく
なんだか胸の奥からあのゴムが伸びはじめて
もうやめてくれと思う間もなく
遠く影の男の方へ　心臓だけがブーンと
抉り出されて　飛んでいく
よく晴れた朝の空気
父さん　痛かっただろう
あの一九七一年一一月二四日の鉄道線路
（死にいい）
と駄洒落のように命日をさかさまに読んだ
四二一一　死にやすいってことか
生きている人は死んだ人を思うあまりに
都合のいい口実を見つけ出す

電車の先端に弾き飛ばされた
肉体よりも　心が
繰り返される死の瞬間の恐怖
眼前にせまる電車の運転士の
あ　という不安そうな眼
父さんは一瞬　正気にもどって
すまない　と眼で詫びたのだ
時間はのびたり　ちぢんだり
遠景はすぐここに来ている
時間は嘘をつく
警報器が鳴りっぱなしだ

おどれ　子供たち

アフリカ系アメリカ人と結婚した
娘が三人の子供をつれて
熱い日本の夏に飛び込んできた
静かな家はたちまちにぎやかになった
東日本大震災で福島原発が事故を起した
二〇一一年の　その秋
娘たちは夫の故郷
ワシントンＤＣに引っ越していった
それから
アメリカで何か事件があるたびに

ＤＣではないことを祈り
娘も　風水害や地震のたびに
ラインで無事を確認してきた
飛行機で数回行ったが
十四時間のフライトとタイムラグに
体は悲鳴をあげた
日本の朝には
ＤＣへむけ
「おはよう」ではなく
「こんばんは」といわなければならない

ともかく
今夜はいっしょに団扇《うちわ》をもって
蒸し暑い夏をおどろう

くたびれてねむる浴衣《ゆかた》から
両手　両足が
太鼓や笛の余韻に
まだ動いている

おやすみアメリカ
おやすみニッポン

ねむれ　子供たち
おどれ　子供たち

蝸牛によせて

蝸牛は
ナメクジラが雨除けに
巻き貝をかぶっているみたいだ
でもクジラじゃない
海から出てきたわけでもない
塩は大敵
陸に棲み
片目をつむり
はすかいに人生を見る
森の石松

紫陽花の葉の上で
ゆっくりと仁義をきる
てめえしょうごくとはっしますは
えんしゅうもりまちむらのうまれ
…………
口上は雨期のように終わらない

蝸牛には渦がある
数十億年前に星雲が
一匹の生物に刻印した
生命の渦潮
紫陽花の葉の上を
牛歩のように這っていく
カギュウ

デデムシ
デンデンムシ
マイマイツムリ
カタツムリ
呼び方を間違えても
目くじらたてて
おこらない
やわらかな遠望鏡

雨空見上げ
雫にウインク
フランスでは
エスカルゴ
高級料理の扱いだ

なんでも食ってしまう
さびしい歴史をニンゲンは
せかせかと歩んできた
蝸牛に学べ

石の下

昭和をくぐり平成を生きて七一年がすぎた
大正は一五年しかなかった　その前の明治は四五年
単純に足し算をすると大正+明治は六〇年
その先は江戸時代　とすれば私の七一年の生涯は既に
明治大正の時間をのみこんだことになる
歴史には色彩や匂いや風情が染みついて離れない
無色無臭　透明な時間などというものはない
明治の祖父母に見守られ
大正生れの父や母に育てられ
ラジオやテレビから流れてくる

大正昭和の音楽を耳で覚えた
文字はあとからついてきた　だから
風呂場で歌っていた軍歌「戦友[*]」は
意味もよく分からないのに
悲しみだけが　大正元年生れの父を通り抜け
昭和二二年生れの幼かった私に響く
この歌が制作されたのは　明治三八年
日露戦争の時だ
雪が降るといつも思い出す句がある
降る雪や明治は遠くなりにけり
明治三四年生れの中村草田男が
詠んだのが昭和六年
平成生れの人々もいつか
降る雪や平成は遠くなりにけり

と詠う日が来るのだろうか
父の「戦友」を私もまた風呂場で歌っている

赤イ夕日ニ照ラサレテ
友ハ野末ノ石ノ下

＊「戦友」…真下飛泉作詞、三善和気作曲。一部を引用。

里芋

陽のあたる玄関先に
里芋とその茎が干してある
黒光りした縁側に猫が一匹
三和土《たたき》の奥に
目をもつ闇がかがみ込んでいる

畑仕事をおえた女が
坂を登りきって
前庭のたまり水で鍬を洗う
ほれ　どなたさんでしたか

お茶でも飲んでいきなされ

藁葺きの家
茹でた里芋と甘煮の茎
すすきが夕暮れの風にゆれ
話をしている二人は
すでに半分消えかけている

郵便局まで

山口県岩国市美和町から
一冊の詩集が届いた
妻を早くに失い
老いを迎えた詩人が
過疎の村を描いた
詩篇に心ひかれた

ふりはじめた雪にすこし濡れ
玄関先の郵便受けから取り出した封書の
裏を見るとN氏の名前

以前広島にあそんだとき
その巨漢の笑い声に
愉快な人柄を感じた
原爆の惨状を何度も詩にした男だ
若手の鋭い詩人M君もいっしょだった
よこなぐりの雪
寒波が日本列島をおおっている
広島も山口も
雪が降っているのだろうか
礼状の手をとめて
もう一度窓の外を見る
小止みになったのを機に
切手を貼りコートをはおって
郵便局にむかった

墨で宛名を書いたので
ふところ深くしまい込んだ

歩いて10分ほどの距離だ
傘をあおる風
路面はふんわりと雪につつまれた
誰も通らない道を戻ってきて
郵便局にむかう足跡に気付いた
（さっきここを過ぎたワタシのものだ）
振り返るまでもなく
雪は往路と帰路の痕跡を消していく
それがとても嬉しいことに思えた
雪よ　ふれ

＊N氏…長津功三良　M君…松岡政則

冬のうた

いくつもの川を渡った
いくつもの夢を渡った
いくつもの橋を渡った

妖しいひとと船にゆられた
狂気のひとと夢にもつれた
橋の上ではひきかえそうと
なんども思ったが

ひとは老いたら

それなりに行動せよというが
生きるとは矛盾だらけだ
こころは橋の上でゆれている

女がやってきて
この男が私を殺したのだという
おまえは生きているじゃないかと
恐ろしい形相でいう私がいる

また嘘をついて一日を過ごしてしまった
また本当のことから遠ざかる
私は長い長い小説を書いて
赤の他人のように署名をする

冬の海は暗い
冬の空も暗い

鷗はすぐそばまできて
キーオー　キーオー
と鳴く
やっぱりおまえだったのか
書き始めた
小説はまだ終わらない

初出一覧（＊発表後作品の多くに推敲をし、題名を含めいくつかを改めた。本書を決定稿とする。）

春のじゅもん　（二〇一六年七月　歌誌「合歓」七三号）
つくしんぼ　（二〇〇八年四月十六日　歴程）
レンゲ畑　（二〇〇二年五月「ペッパーランド」二四号）
西瓜のひるね　（二〇一六年七月　歌誌「合歓」７３号）
樹の名前　（二〇一五年九月「交野が原」七九号）
橡　（二〇一五年八月　本書初出）
くさ　（二〇一五年十月「歴程」）
渇く　（二〇一六年二月「歴程」）
老木の前で　（二〇一二年十二月六日「花椿」現代詩花椿賞三十回記念特集）
葛の花　（二〇一六年四月「交野が原」八〇号）
ちいさなトゲ　（二〇一七年六月　本書初出）
九月の森と海　（二〇一七年七月「歴程」）
籐椅子のひと　（二〇一〇年四月「交野が原」六八号）
『枕詞の抄』の作品　（二〇〇八年十月～二〇〇九年十月「ふらんす堂通信」連載
ひさかた　朝露　鯨魚取る　にほ鳥　東歌　垂乳根　浜千鳥　ぬばたま）
鶺鴒　（二〇一一年八月「詩と創造」七七号）
時代の季語となった清水昶　（二〇一一年九月「交野が原」七一号）

ねむらないたましい　（二〇一四年二月「歴程」）
ショパンのゆび　（二〇一四年四月　本書初出）
声のない木　（二〇一六年九月「交野が原」八一号）
斧　（二〇一七年九月「交野が原」八三号）
さみしいゆめ　（二〇一七年四月「交野が原」八二号）
発語の唄　（二〇一八年九月「交野が原」八五号）
かんざしの時間　（二〇一二年五月　石川詩人会会報三四号）
トンデモナイ男　（二〇一〇年三月　日本現代詩歌文学館「啄木に献ずる詩歌」特集）
あずみのの栗　（二〇一二年四月「交野が原」七二号）
ゲップする牛　（二〇一八年四月　本書初出）
遠景──影の男──　（二〇一七年七月「抒情文芸」夏季号）
おどれ　子供たち　（二〇一八年八月三十一日付　読売新聞夕刊）
蝸牛によせて　（二〇一八年十月『蝸牛』六〇号記念巻頭詩）
石の下　（二〇一八年十一月「短歌往来」特集『平成という時代』）
里芋　（二〇一八年十〇月　本書初出）
郵便局まで　（二〇一八年三月三〇日「火皿」一三六号）
冬のうた　（二〇一九年一月　本書初出）

八木幹夫（やぎ　みきお）

一九四七年、神奈川県に生まれる。明治学院大学英文科卒業。一九八三年、第一詩集『さがみがわ』出版。一九九五年、第五詩集『野菜畑のソクラテス』で、現代詩花椿賞、芸術選奨文部大臣新人賞を受賞。著書に、現代詩文庫『八木幹夫詩集』などの詩集のほかに、評論集『渡し場にしゃがむ女　詩人西脇順三郎の魅力』、歌集『青き返信』、訳書『仏典詩抄　日本語で読むお経』などがある。

ミッドナイト・プレス

郵便局まで

二〇一九年九月一日発行
著　者　八木幹夫
装　丁　大原信泉
装　画　Ameena Rose Williams
発行者　岡田幸文
発行所　ミッドナイト・プレス
埼玉県和光市白子三－一九－七－七〇〇二
電話　〇四八（四六六）三七七九
振替　〇〇一八〇－七－二五五八三四
http://www.midnightpress.co.jp
印刷・製本　モリモト印刷

ISBN978-4-907901-20-2